ANKE FEDDERSEN

MENSCH - ÄRGER' MICH NICHT !

DIE KUNST, SOUVERÄN ZU REAGIEREN

Bibliografische Information der Deutschen Nationalbibliothek:
Die Deutsche Nationalbibliothek verzeichnet diese Publikation in der Deutschen Nationalbibliografie, detaillierte bibliografische Daten sind unter http://dnb.dnb.de abrufbar.

Herstellung und Verlag:
BoD - Books on Demand, Norderstedt

ISBN:

Paperback: 978-3-8482-5710-2

Hardcover: 978-3-8482-5783-6

Mensch - ärger' mich nicht! Oft ärgern wir uns und denken, dass unser Tag doch viel besser gewesen wäre, wenn andere nur nicht…

Doch wie befreien wir uns davon? Indem wir lernen, auf den Reiz des Ärgers nicht reflexartig einzusteigen, sondern bewusst und souverän zu reagieren.

Was Sie von diesem Buch erwarten dürfen? Sie werden:

o   sich nicht mehr unnötig über Ihre Mitmenschen ärgern
o   keine Zeit in überflüssige Streitereien stecken
o   Meinungsverschiedenheiten besser klären und lösen
o   Ihre Interessen dabei souverän vertreten können
o   zufriedener mit sich selbst sein
o   mehr Zeit für Lebensgenuss und gute Laune haben

…weil Sie:

o   sich dem Reiz des Ärgers nicht mehr ausliefern
o   menschliche Verhaltensmechanismen erkennen
o   destruktives Verhalten positiv umwandeln
o   Freude an Ihren neuen Fähigkeiten haben.

Haben Sie viel Vergnügen auf dem Weg zu mehr Souveränität und einer wohltuenden Gelassenheit.

INHALT

Ich empfehle Ihnen, das Buch an einem Tag einmal ganz durchzulesen. Machen Sie möglichst nach jedem Kapitel eine kurze Pause. Nehmen Sie sich Zeit, eigene Erlebnisse zu reflektieren. Vergleichen Sie die Vorschläge, die ich Ihnen an die Hand gebe mit dem, was Sie erlebt haben.

Sie können alle Empfehlungen sofort im Alltag umsetzen. Vieles wird Ihnen schnell gelingen, manches klappt vielleicht nicht gleich perfekt. Und dann?

Nicht aufgeben und vor allen Dingen - nicht ärgern! Es ist noch kein Meister vom Himmel gefallen. Suchen Sie sich das Kapitel heraus, das am besten zu der Situation passt und lesen Sie es noch einmal.

Wenn Sie sich vorstellen, wie Sie beim nächsten Mal *nicht* reagieren wollen, verfestigen Sie das Bild eines unerwünschten Verhaltens. Führen Sie sich lieber vor Augen, wie Sie gerne reagiert hätten. Nehmen Sie sich bitte Zeit dafür.

Genießen Sie die Freude, die Sie damit verbinden, souverän zu bleiben. So verankern Sie Ihr Wunschverhalten in sich und können beim nächsten Mal wesentlich leichter darauf zurückgreifen.

Mit der Zeit wenden Sie die Techniken mit Sicherheit, Freude, Humor und einer spielerischen Leichtigkeit an.

Warum ärgern wir uns? Zu oft, zu sehr, zu lange oder unnötig? Weil wir selbst dem Reiz des Ärgers zu schnell nachgeben und ihn durch ungünstige Reaktionen noch anfachen.

Dabei ginge es uns doch viel besser, wenn wir so souverän reagieren könnten, wie einige Menschen es anscheinend mühelos tun. Wie gelingt ihnen das?

Souveränität und Gelassenheit entstehen nach meiner Erfahrung aus verschiedenen Einsichten, Einstellungen und Techniken, die insgesamt zu diesem gleichermaßen kraftvollen und entspannten Zustand führen.

Es sind:

o   die Fähigkeit, auf Ärger nicht reflexartig zu reagieren
o   das Wissen um die Unterschiedlichkeit der Menschen, ihrer Bedürfnisse, Gefühle und Werte
o   das Bewusstsein, dass Sprache missverständlich und Zuhören mehr als Hören ist
o   die Erkenntnis, dass Souveränität durch ein Verhalten auf „Augenhöhe" entsteht
o   die Kunst, destruktive Denk- und Verhaltensweisen in ein positives Miteinander zu verwandeln.

Jedem dieser Themen ist ein Kapitel des Buches gewidmet. Oft hilft bereits ein kurzes Innehalten, aufmerksames Zuhören und eine Frage. Schon ist die Situation im Griff.

Jedes Mal, wenn es Ihnen gelingt, verwandeln sie negative Reize in konstruktive Gespräche, ohne dabei Ihre eigenen Interessen zu vernachlässigen - im Gegenteil.

Ihr Umfeld respektiert und schätzt diese Art an Ihnen, gibt Ihnen Bestätigung und positive Energie zurück. Diese Energie steht Ihnen zur Verfügung, um immer selbstverständlicher und entspannter mit schwierigen Situationen umzugehen.

Die Einsichten und Techniken, die ich Ihnen hier vorstelle, stammen aus der humanistischen Psychologie und aus meinen persönlichen Erfahrungen als Mediatorin und Kommunikationstrainerin. Sie sind praxiserprobt und sofort im Alltag anwendbar.

Lesen Sie nun die „12 Tipps, wie Sie sich den ganzen Tag ärgern" und anschließend „12 Mal besser - derselbe Tag".

Entscheiden Sie, welcher Tag Ihnen lieber wäre. Sicherlich der zweite Tag, oder?

Im nachfolgenden Teil des Buches geht es darum, wie Sie das erreichen.

1. Wenn Sie aufwachen, fragen Sie sich sofort: „Wer wird mir wohl heute wieder den Tag verderben?" Nehmen Sie sich fest vor, sich nichts gefallen zu lassen. Üben Sie Ihr bestes „Mit-mir-nicht-Gesicht" vor dem Spiegel, bevor Sie sich auf den Weg machen.

2. Wer die Frechheit besitzt, Sie im Straßenverkehr zu behindern, bekommt Ihren Unmut durch sehr langes, mehrfaches Hupen und empörte Rufe wie „Du Idiot" oder „Dumpfbacke" etc. zu spüren. Spätestens an der nächsten Ampel zeigen Sie es Ihrem Widersacher!

3. Gehen Sie davon aus, dass jede Unachtsamkeit Ihnen gegenüber volle Absicht ist. Machen Sie immer sofort und deutlich klar, dass man so mit Ihnen nicht umgeht. Gute Reaktionen sind „Unverschämtheit", „Wie kann man nur", „Das muss ich mir nicht bieten lassen!". Aussprachen mit solchen Charakteren sind reine Zeitverschwendung. Erlaubt dieselbe Person sich das nochmals, betrachten Sie es als Kriegserklärung.

4. Machen Sie Ihre Erwartungen immer ganz klar, z. B. durch „Du musst", „Ich bestehe darauf". Stellen Sie gleich Strafmaßnahmen in Aussicht, sollte man Ihren Forderungen nicht Folge leisten. Kommen Sie keinesfalls auf die Idee, Wünsche oder Bitten zu äußern. Das führt nur dazu, dass Sie nicht ernst genommen werden.

5. Wer Ihr Wertesystem nicht teilt, ist entweder völlig naiv oder rücksichtslos.

6. Geben Sie niemals einen Fehler zu. Sie sind ja nicht blöd!

7. Befassen Sie sich bloß nicht mit einer Verhaltenskritik an Ihnen. Es handelt sich um die Zuschreibung eines schlechten Charakters. Eine absolute Zumutung!

8. Wer Sie nicht versteht, kann Ihnen intellektuell nicht folgen. Sind Sie so großzügig, sich zu wiederholen, beginnen Sie am besten mit „Der Punkt ist". Schließen Sie Ihre Erläuterungen mit den Worten „Das ist der Punkt" ab. Der Chef im Ring sind Sie und niemand sonst.

9. Wer nicht für Sie ist, ist gegen Sie. Erwarten Sie von Ihren Mitmenschen immer, unverzüglich Partei für Ihre Seite zu ergreifen. Wer das nicht tut, ist ein Verräter und ab sofort ihr Feind.

10. Ein lauter Tonfall Ihnen gegenüber ist grundsätzlich als schwerer persönlicher Angriff zu werten und entsprechend zu beantworten. Ein „So nicht!" oder „Geht's noch?" schafft die notwendige Klarheit. Übertrumpfen Sie dabei unbedingt auch die Lautstärke. Wenn einer schreien darf, dann Sie.

11. Die Ärgernisse, die Partner, Freunde und Familie erlebt haben, sind mit Sicherheit nichts gegen Ihren Tag. Klar, dass Sie über das Abendprogramm entscheiden. Alle haben sich hingebungsvoll darum zu bemühen, dass Sie wieder milde gestimmt und zu Späßen aufgelegt sind.

12. Gehen Sie davon aus, dass es morgen auch nicht besser wird und stellen sie sich schon einmal darauf ein. Die Menschen werden ja über Nacht nicht besser oder intelligenter. Was für ein Narrenkäfig!

1. Sie wachen auf und wissen, dass Sie die schwierigen Situationen des Tages mit Souveränität und Humor zu nehmen wissen. Bevor Sie sich auf den Weg machen, sehen Sie sich im Spiegel lächeln.

2. Die Behinderung im Straßenverkehr nehmen Sie wahr und denken „Na, da hat aber jemand Druck. Spät dran? Schlechte Laune? Kein Grund, mich aufzuregen."

3. Sie bemerken eine Unachtsamkeit. Sie sehen den anderen an, holen sich kurz seine Aufmerksamkeit. Und da kommt es schon „Oh - Entschuldigung, das wollte ich nicht." Alles klar - schon vergessen. Nun ist das schon einige Male passiert. Das soll natürlich nicht zur Gewohnheit werden. Was ist denn da wohl los? Sie verabreden sich zu einem Gespräch unter 4 Augen.

4. Sie wissen, dass Zurechtweisung und Kritik von oben herab nicht zum Ziel führen. Sie sprechen über das, was Sie möchten und warum Sie es möchten. Sie tauschen gegenseitig ihre Sichtweisen aus und suchen einen Weg, der für beide Seiten angenehm, zumindest aber annehmbar ist.

5. Sie respektieren die Existenz unterschiedlicher Interessen und Wertesysteme, auch wenn Sie sie nicht teilen.

6. Sie wissen: Einen Fehler zugeben zu können, wird regelmäßig als fair geschätzt.

7. Sie sehen eine persönliche Verhaltenskritik nicht als Zuschreibung eines schlechten Charakters. Sie setzen sich damit auseinander.

8. Wer Sie nicht versteht, hat vielleicht nicht richtig zugehört, war gerade abgelenkt. Vielleicht haben Sie sich auch missverständlich ausgedrückt. Sie klären das mit Geduld.

9. Sie erwarten zwar Loyalität, aber keine Selbstverleugnung. Sie respektieren die persönliche Meinungs- und Entscheidungsfreiheit Ihrer Mitmenschen.

10. Ein scharfer oder lauter Tonfall Ihnen gegenüber ist für Sie erst einmal ein Zeichen für emotionale Betroffenheit oder momentane Überlastung. Sie bringen das Gespräch elegant auf einen konstruktiven Austausch in Zimmerlautstärke zurück.

11. Die Anspannung nach einem anstrengenden Tag versuchen Sie immer erst einmal abzulegen. Nachdem Sie die Ereignisse kurz reflektiert haben, sind Sie bereit für das Abendprogramm. Ihr Umfeld freut sich auf die gute Zeit mit Ihnen.

12. Nach einem schönen Abend sind Sie neugierig auf den nächsten Tag. Sie lächeln.

1. ÄRGERN ODER NICHT ÄRGERN?

Wann soll ich mich ärgern, wann nicht? Vielleicht denken Sie jetzt „Komische Frage - wenn ich mich ärgere, dann zu Recht." Natürlich ist Ärger angebracht, wenn uns jemand manipuliert, hintergeht, schaden will oder Ähnliches.

In vielen Situationen ist er jedoch destruktiv. Er:

o   nimmt uns die positive Stimmung
o   engt unsere Wahrnehmung ein
o   nimmt uns die Souveränität
o   raubt uns Energie
o   ist gesellig - er zieht gern weiteren Ärger nach sich.

Wir reagieren oft zu schnell, ohne nachzudenken, geradezu reflexartig. Haben wir dann jemandem z. B. zu Unrecht Rücksichtslosigkeit oder Absicht unterstellt, werden wir uns im Nachhinein eingestehen, dass wir:

o   den Schuldigen zu schnell ausgemacht haben
o   einen Menschen zu kritisch beurteilt haben
o   uns nicht für seine Sicht interessiert haben
o   zu wenig Informationen hatten
o   zu gerne Recht haben wollten
o   überreagiert haben
o   eine „Mücke zum Elefanten" gemacht haben.

Nun ärgern wir uns auch noch über uns selbst. Es wäre also sicherlich gut, sich dem Reiz voreiliger Reaktionen nicht auszuliefern.

Am besten, wir haben Methoden, die leicht zu merken und immer abrufbar sind. Werfen wir auf den nächsten Seiten einen Blick auf einige wirkungsvolle Techniken.

Sie heißen:

o   Ist das meins?
o   Die Zeitschiene
o   Lächeln hilft
o   Hallo Ärger
o   Voll mies drauf
o   Der erste Eindruck zählt, oder?

Das Ziel ist, überflüssigen Ärger zu erkennen und sofort auszusortieren.

1.1 Ist das meins?

Wir verschwenden unsere Zeit manchmal mit Ärger darüber, den andere vielleicht haben könnten. Wir kommentieren etwas oder mischen uns ein. Wir geben jemandem eine Lehrstunde in Ethik und Benimm, obwohl uns die Situation nicht betrifft.

Wir regen uns z. B. stellvertretend auf, weil:

o   ein Kunde sich beim Bäcker vor jemand anderen drängelt
o   eine Verkäuferin unfreundlich zu einem Kunden ist
o   ein Radfahrer einem Auto vor uns in den Weg fährt

Wir verteilen ungefragt die Rollen „Täter, Opfer und Retter" und spielen uns als Retter auf, obwohl „die Opfer" weder schutzbedürftig sind noch um Hilfe gerufen haben oder sich selbst überhaupt als Opfer betrachten.

Wir verstärken durch unseren Co-Ärger und unsere Einmischung nur die Ärger-Gefühle auf allen Seiten. Wir handeln uns vielleicht auch ein „Was geht Sie das denn an?" ein. Und schon stecken wir mittendrin.

Lassen wir die Situationen lieber bei den direkt Betroffenen, heizen die Atmosphäre nicht an und behalten unsere gute Stimmung.

1.2 DIE ZEITSCHIENE

Haben Sie im Nachhinein schon manches Mal gedacht, dass eine Situation es gar nicht wert war, sich so aufzuregen? Wie können Sie das sofort erkennen und vermeiden?

Fragen Sie sich, ob ein Erlebnis Sie…

o   morgen
o   nächste Woche
o   in einem Jahr
o   wenn Sie 90 Jahre alt sind

…noch beschäftigen oder ärgern wird.

Tun Sie das am besten, sobald Sie beginnen, sich zu ärgern.

So fällt es Ihnen wesentlich leichter zu entscheiden, ob Sie sich überhaupt aufregen oder reagieren wollen.

Wenn Ihnen klar wird, dass Sie schon heute Abend oder morgen über ein Erlebnis lächeln oder lachen können, tun Sie es am besten gleich.

1.3 LÄCHELN HILFT

Lächeln wir unseren Ärger-Reflex an, entwaffnen wir ihn.
Wir nehmen ihm die Macht. Denn Lächeln:

o   entspannt
o   öffnet den Blick und den Geist
o   senkt Aggressionen
o   steigert das Wohlbefinden
o   stimmt positiv und humorvoll
o   produziert Endorphine.

Es verschafft uns ein kurzes Innehalten. Diese kleine Ver-
schnaufpause ermöglicht uns den Gedankenausflug in
die folgenden Fragen:

o   Ist das meins?
o   Was bedeutet es auf der Zeitschiene?
o   Welchen Vorteil hätte es für mich, wenn ich mich aufrege?
o   Ist die Situation es wert, meine Zeit in Ärger zu stecken?
o   Was kann beim anderen gerade los sein, das sein Verhal-
    ten verursacht?
o   Mit welcher Reaktion erreiche ich meine Ziele am besten?

Wir erweitern unseren Verhaltensspielraum und treffen
klügere Entscheidungen. Mit grimmigem Gesicht hätten
wir diese Wahl eher nicht.

Ein Lächeln – viele Optionen – gut für uns!

1.4 HALLO ÄRGER

Versuchen Sie doch einmal folgendes Experiment, auch wenn Ihnen diese Technik etwas befremdlich erscheint.

Sagen Sie sich bei dem Reiz des Ärgers „Hallo Ärger, danke für den Hinweis."

Geben Sie ihm ein Aussehen. Wie wäre es mit einem kleinen Teufel, einer Comic-Figur oder einem Butler im Miniaturformat? Gut wäre etwas, das Ihnen ein Lächeln entlocken und Ihren Humor aktivieren kann. Setzen Sie ihn lieber auf Ihre Schulter oder etwas weiter weg?

Sehen Sie ihn als Hinweisgeber, aber nicht als Entscheider über Ihre Reaktionen. Sie sind der Chef in Ihrem Kopf.

Auch so durchbrechen Sie den Mechanismus der unbedachten Reaktionen. Sie können sich Zeit nehmen, Ihre Antwort bewusst auszuwählen.

Machen Sie sich klar, welches konstruktive Ziel Sie gerne für sich erreichen möchten. Wählen Sie dann eine Reaktion, die Ihnen nützlich ist und Ihren Werten entspricht.

So werden Sie mit dem Erlebnis schneller abschließen können und sich im Nachhinein nicht auch noch über sich selbst ärgern.

1.5 Voll mies drauf

Wer kennt es nicht - die Tage, an denen wir „mit dem linken Fuß" aufgestanden sind? Vielleicht gab es vorher eine Missstimmung oder wir können gar keinen Grund dafür ausmachen. Jedenfalls haben wir schlechte Laune.

Wir stoßen wir uns den Zeh, verschütten unseren Kaffee, lassen das Handy zu Hause liegen und haben keine Zeit mehr umzukehren. Ausgerechnet heute fällt ein Zug aus. Nun kommen wir auch noch zu spät.

Der Kollege hat sich krankgemeldet - dabei sollte er doch die Präsentation für den Termin um 10.00 Uhr fertigmachen. Das ist ja kaum zu schaffen!

Sie fragen „Kann mir jemand helfen?". Die Antwort lautet „Nein, ich habe selbst viel zu tun." Ein ironisches „Schönen Dank, wenn man schon mal Hilfe braucht" rutscht über Ihre Lippen. Ihre Kollegen sehen Sie entgeistert an.

Nun möchte Ihr Chef die Präsentation auch noch einmal sehen, bevor es losgeht. „Ach so, und könnten Sie bitte noch die Getränke ordern - die Sekretärin bucht mir gerade eine Reise." Sie grummeln „Na toll, als wäre das mein Job" und merken im selben Moment, dass Ihr Vorgesetzter den Raum noch gar nicht verlassen hat.

Sie denken „Heute geht wohl alles schief", während Sie den Kaffeefleck auf Ihrem Oberteil bemerken. Das Telefon klingelt. „Ich muss Dir unbedingt erzählen, was mir gestern passiert ist", sagt eine bestens gelaunte Kollegin aus der Nachbarabteilung. „Keine Zeit" antworten Sie ungeduldig und legen auf.

Präsentation fertig, jetzt noch schnell den Ausdruck holen. Die Lampe „Techniker rufen" leuchtet! Sie schimpfen „Frechheit - wer lässt den Drucker defekt zurück und sorgt nicht für Techniker? Ich kann mir schon denken, wer das wieder war", während der Techniker den Raum betritt.

Wenn der Ärger dicht auf dicht kommt und wir keine Zeit haben, ihn zu verarbeiten, lassen wir uns zu Reaktionen hinreißen, die ungerecht sind. Passiert anderen auch, ist ja auch nicht der Weltuntergang. Doch es geht auch anders.

Hier einige Tipps:

o Lockern Sie bewusst Ihre Haltung.
o Lockern Sie Ihre Mimik.
o Versuchen Sie, an komische Situationen zu denken oder an Dinge, die Sie entspannen.
o Sagen Sie Ihrem Partner oder Ihren Kollegen auf humorvolle Art, dass Sie nicht gut drauf sind. Zum Beispiel „Macht lieber einen Bogen um mich, ich bin heute gemein" oder mit einem Lächeln „Ich bin mit dem linken Fuß aufgestanden - ich entschuldige mich lieber jetzt schon einmal." Ihr Partner und Ihre Kollegen haben so die Chance, sich auf Sie einzustellen und werden Ihnen vermutlich helfen, wieder in eine gute Stimmung zu kommen.

o   „Schimpfen ist Silber, Schweigen ist Gold." Atmen Sie einmal mehr durch, bevor Sie Ihrem Ärger Luft machen.

o   Seien Sie vorsichtig mit Kritik. Sie sehen heute vermutlich mehr „Schuldige" als sonst.

o   Verschieben Sie ein klärendes Gespräch besser auf den nächsten Tag.

o   Nehmen Sie Ihre schlechte Laune zum Anlass, sich etwas Gutes zu tun.

o   Wenden Sie die Techniken „Ist das meins?", „Lächeln hilft" und „Hallo Ärger" heute besonders aufmerksam an.

Und was, wenn andere mies drauf sind?

Gelassen bleiben und nicht anstacheln. Versuchen Sie lieber, ihnen aus der schlechten Stimmung herauszuhelfen. Davon profitieren Sie auch.

So kann es Ihnen gelingen, einen „Voll-mies-drauf-Tag" in ein gutes und humorvolles Miteinander zu verwandeln.

1.6 DER ERSTE EINDRUCK ZÄHLT, ODER?

Unser Gehirn scannt und bewertet andere Personen blitzschnell - Blick, Mimik, Gestik, Haltung, Stimme. Ist eine Person vertrauenswürdig oder gefährlich für uns? So weit so gut, manchmal lebenswichtig.

Was ist aber mit all den Bewertungen, die wir anderen oft so schnell zuschreiben, den Eigenschaften, unter denen wir sie abspeichern? Zum Beispiel:

o   intelligent oder dumm
o   überlegen oder unterlegen
o   naiv oder berechnend
o   cool oder uncool.

Wir alle haben schon einmal einen ersten Eindruck hinterlassen, der nicht unserer Absicht entsprach, weil wir…

o   unausgeschlafen
o   in Eile
o   abwesend
o   unkonzentriert
o   schlecht gelaunt
o   traurig
o   nervös
o   überfordert

…waren.

Fänden wir es dann angemessen, ein für alle Mal als unsympathisch, dumm oder uninteressant abgestempelt zu werden? Wohl nicht.

Studien haben gezeigt, dass der erste Eindruck zu ungefähr 60% der späteren Erfahrung mit der Person entspricht – nur 60%! Das heißt, wir täuschen uns bei circa 40% unserer ersten Begegnungen.

Manchmal treffen wir auch Menschen, die uns auf Anhieb und oft unbewusst an jemanden erinnern, mit dem wir Unangenehmes verbinden. Eine Ähnlichkeit in der Mimik und Gestik kann schon dazu führen, dass wir denken „Ach, so einer ist das", „Ach, so eine ist das". Versuchen Sie, auf diesen eigenen Mechanismus nicht einzusteigen. Fragen Sie sich erst einmal, welche Erinnerung hinter dieser Einschätzung stecken könnte.

Nehmen wir den ersten Eindruck also lieber gelassen, anstatt uns gleich negative Gedanken über eine Person zu machen. Bleiben wir offen und neugierig, wie die Dinge sich entwickeln.

Ärger, der auf gewagten Annahmen und Vorurteilen basiert, ist selbst gemacht und damit völlig überflüssig.

Nachdem wir einige Ärgernisse und ungünstige Reflexe aussortieren konnten, kommen wir zum nächsten Thema - unserer Persönlichkeit. Wir sehen uns an, welchen Einfluss sie darauf hat, ob und worüber wir uns ärgern.

2. JEDER AUF SEINE ART

Jeder von uns ist einzigartig. Unser Miteinander ist immer individuell durch die beteiligten Personen geprägt.

Dazu gehören unsere:

o Persönlichkeit
o Rollenbilder
o Schubladen
o Bedürfnisse und Gefühle
o wunden Punkte
o Beziehungen.

Befassen wir uns nun mit den individuellen Prägungen, die unser Denken, unsere Bedürfnisse, Gefühle und Interessen, Erwartungen, Werturteile und Reaktionsweisen beeinflussen.

2.1 Unsere Persönlichkeit

Ist unsere Persönlichkeit hauptsächlich durch Charakter-anlagen und Begabungen vorgegeben, oder ist sie vor allem durch Kultur, Erziehung und Erfahrungen erworben? Wir wissen es nicht.

Als sicher gilt, dass aus all diesen Einflüssen Persönlichkeitstypen mit unterschiedlichen Prägungen entstehen.

Sie beeinflussen, in welchen Bereichen:

o   unsere besonderen Begabungen liegen
o   wir besonders erfolgreich sein können
o   wir uns am wohlsten, sprich „zu Hause" fühlen
o   wir Glück und Zufriedenheit suchen und finden

Sie haben Auswirkungen auf unsere Prioritäten für:

o   Mitgefühl und soziales Miteinander
o   Sachlich-fachliches, analytisches Denken
o   Dominanz und Durchsetzungs-Denken
o   Introvertiertheit oder Extrovertiertheit
o   Nähe- oder Distanz-Bedürfnisse
o   Beständigkeit oder Wechsel
o   Tendenz zu intuitiven oder rationalen Entscheidungen.

Welche Werte uns antreiben, hängt von unserer persönlichen Mischung ab.

Ähneln sich unsere Mischungen, liegen wir „auf einer Wellenlänge". Sind sie sehr unterschiedlich, sagen wir, die „Chemie zwischen uns" passt nicht.

Wir zählen Eigenschaften auf, die wir befremdlich finden.

Einige Beispiele:

Wir sagen über die Menschen, die großen Wert auf Mitgefühl und soziales Miteinander legen, sie:

o   sind zu weich
o   haben keinen beruflichen Ehrgeiz
o   setzen sich zuwenig durch
o   lassen sich ausnutzen
o   moralisieren
o   wollen andere zu „Gutmenschen" erziehen.

Über die Sachlich-Fachlichen und Analytiker, sie seien:

o   unpersönlich
o   pedantisch
o   eingebildet.

Wir sind verwundert über Nähe- und Distanzprioritäten:

o   Was für ein Eigenbrötler
o   Wie hält man es aus, immer in Gesellschaft zu sein?
o   Das würde ich nie einem Kollegen erzählen.

Wir denken über die Dominanten, sie:

o   wollen immer bestimmen und beeinflussen
o   sind egoistisch und machtbesessen
o   denken nur an ihre Karriere
o   spannen ihr Umfeld für ihre Zwecke ein.

Je nachdem, ob wir Beständigkeit oder Wechsel bevorzugen, heißt es:

o   Ständig neue Anforderungen - kann nicht mal Ruhe sein?
o   Immer das Gleiche - wann kommt endlich mal wieder etwas Neues?

Und darüber, ob jemand eher intuitiv oder rational entscheidet:

o   Das kann man doch nicht aus dem Bauch heraus entscheiden.
o   Man kann doch nicht so lange abwägen, man muss doch auch mal entscheiden.

Anstatt uns über Andersartigkeit zu ärgern, sollten wir daran denken und respektieren, dass jeder von uns eine Mischung ist.

Auch wir haben Prägungen, die andere nicht immer zu „Hurra-Rufen" verleiten.

Vergessen wir auch nicht, dass wir diese Unterschiede sogar sehr genießen, wenn wir uns gegenseitig gut ergänzen. Dann nämlich, wenn wir uns Aufgaben so aufteilen können, dass jeder das tut, was er am besten kann und nicht das tun muss, was ihm so gar nicht liegt.

Mit Respekt dafür, welchen Beitrag andere leisten können, akzeptieren wir auch Persönlichkeiten, die uns weniger liegen - anstatt uns über sie zu ärgern.

2.2 UNSERE ROLLENBILDER

Wir alle bewegen uns ständig in Rollen. Wir sind z. B.:

o   Mutter, Vater, Kind, Geschwister, Familienmitglied
o   Lebenspartner, Freund, Geschäftspartner
o   Mitarbeiter, Führungskraft
o   Lieferant, Dienstleister, Kunde.

Wir definieren diese Rollen:

o   für uns persönlich
o   für andere
o   für die Allgemeinheit oder die Gesellschaft.

Wir entwickeln Rollenbilder, die für uns stimmig und angemessen sind und mit denen wir Erwartungen an das Verhalten unserer Mitmenschen verknüpfen.

Denken wir nun an die Persönlichkeitstypen zurück. Dann verstehen wir, dass Menschen unterschiedliche Schwerpunkte in ihren Rollenbildern setzen, z. B. in dem, was sie:

o   ihren Kindern weitergeben
o   von Familie und Freunden erwarten
o   in der Partnerschaft erwarten
o   mit einem angemessenen Verhalten im Beruf verbinden.

Wenn wir uns darüber ärgern, dass jemand sich nicht nach unseren Vorstellungen verhält, sollten wir uns folgende Fragen stellen:

o Kennt der andere meine Rollenbilder und die damit verbundenen Erwartungen überhaupt?
o Welche Rollenbilder und Erwartungen könnte er haben?
o Worin unterscheiden sie sich?
o Wie könnten wir mit unseren Unterschieden umgehen?
o Welche Vorteile könnten wir davon gemeinsam haben?

So bleibt es möglich, respektvoll miteinander zu reden und sich über unterschiedliche Erwartungen und Interessen konstruktiv auszutauschen.

Unser Gehirn strebt nach Ordnung und Struktur. Deswegen sortiert es Ereignisse und Menschen nach Gemeinsamkeiten gerne in Schubladen ein.

Leider neigt es dazu, vorschnelle Schlüsse zu ziehen. Und es legt auch schon einmal etwas in eine unpassende Schublade.

Das funktioniert so:

Beispiel „Ungerechte Lehrer“:

Dreimal einen ungerechten Lehrer erlebt. Macht dreimal ungerechter Lehrer. Kopf fasst zusammen: Lehrer sind ungerecht - also ab in die Schublade „ungerecht“.

Unser Gehirn macht auch gerne mal keinen Unterschied zwischen eigenen Erlebnissen und Gehörtem. Einen ungerechten Lehrer gehabt, von zweien gehört, macht drei ungerechte Lehrer. Kopf fasst zusammen: Lehrer sind ungerecht - also wieder ab in die Schublade „ungerecht“.

Und was tun wir mit dieser „Meldung“?

Wir unterstellen dem nächsten Lehrer, der uns begegnet, dass er ungerecht ist „so, wie alle eben“. Und der wird nicht verstehen, warum wir uns so merkwürdig verhalten.

Beispiel „Unzuverlässige Mitarbeiter":

Ein Mitarbeiter ist zweimal zu spät gekommen. Zwei Mitarbeiter sind krank. Viermal Mitarbeiter-Probleme. Chef-Kopf fasst zusammen: Mitarbeiter sind unzuverlässig - also ab in die Schublade „unzuverlässig".

Wir würden uns über diese negative Charakterzuschreibung ärgern, beträfe es uns als einen der vier Mitarbeiter.

Was können wir gegen Schubladendenken tun? Wir sollten unserem Kopf sagen, dass er gerne mitzählen darf, aber dass wir eine Schlussfolgerung erst akzeptieren, wenn eine größere Anzahl von gleichartigen und selbst gemachten Erfahrungen vorliegt.

Wir bewahren uns so unsere Offenheit und Unvoreingenommenheit. Hin und wieder sollten wir uns auch Zeit zum Aufräumen und Aussortieren unserer Schubladen nehmen.

Unseren Mitmenschen geht es genauso. Statt gekränkt und verärgert auf ein Vorurteil zu reagieren, sollten wir sie nach ihren Erfahrungen fragen.

So gelingt es uns, auch ihre Schubladen aufzulösen und sie für neue Sichtweisen zu öffnen.

Schubladendenken provoziert Ärger, und den können wir uns gerne ersparen.

2.4 Unsere Bedürfnisse und Gefühle

Wir alle brauchen bestimmte Bedingungen, damit wir uns gut fühlen.

Wir haben Bedürfnisse nach:

o Sicherheit
o Miteinander und Zugehörigkeit
o Vertrauen und Gerechtigkeit
o Wertschätzung und Respekt
o Anerkennung unserer Leistungen
o Freiheit und Selbstbestimmung
o Entwicklung und Selbstverwirklichung.

Wie sehr und in welcher Form wir das brauchen und anstreben, hängt mit unserer Persönlichkeit und unseren Erfahrungen zusammen.

Einige Beispiele sollen verdeutlichen, welche unterschiedlichen Ziele wir in unserem Privat- und Berufsleben haben können:

o Sicherheit:

Wie wichtig ist uns ein „sicherer" Arbeitgeber? Wieviel Vorsorge bauen wir auf? Welche Versicherungen haben wir? Wie wichtig ist es uns, zu planen und zu wissen, dass die Dinge dann auch so laufen?

o   Miteinander, Zugehörigkeit und Vertrauen:

Haben wir lieber zwei Freunde oder 20? Welchen Freundeskreis suchen wir uns? Wann öffnen wir uns vertrauensvoll? Mit wem sprechen wir über unsere Sorgen?

o   Wertschätzung, Respekt und Gerechtigkeit:

Wie sehr möchten wir für unsere Hilfsbereitschaft und Kollegialität wertgeschätzt und respektiert werden, wie sehr für unsere Leistungen? Auf welche Art sollen andere uns das bestätigen?

o   Freiheit und Selbstbestimmung:

Reicht uns Entscheidungsfreiheit innerhalb eines Rahmens oder wollen wir gerne völlig frei entscheiden? Wie gehen wir mit detaillierten Vorgaben um? Wie schnell nehmen wir uns als eingeengt wahr? Wieviel Freiheit und Selbstbestimmung erwarten wir in unserer Partnerschaft?

o   Entwicklung und Selbstverwirklichung:

In welchem Bereich können und wollen wir unsere Persönlichkeit und unsere Potentiale voll entfalten? Im Beruf, im Privatleben, in Hobbies, in sozialen Tätigkeiten?

Unsere Gefühle sind der Gradmesser dafür, wie sehr oder wie wenig ein Zustand unseren Bedürfnissen entspricht.

Befinden wir uns in unserem Wohlfühlbereich, sind wir glücklich oder zufrieden. Wir fühlen uns entspannt, sicher, fröhlich, ausgelassen, zugehörig, zuversichtlich, wertgeschätzt, respektiert, vielleicht bewundert, mutig, frei, motiviert und voller positiver Energie.

Befinden wir uns innerhalb unserer angenehmeren Toleranzbereiche, ist es gut oder in Ordnung für uns. Das Zusammenleben von Menschen verlangt auch danach.

Befinden wir uns in unseren Toleranzbereichen, während unsere Mitmenschen stets in ihrem Wohlfühlbereich sind, melden sich unsere Gefühle. Sie sagen uns, dass Ausgewogenheit und Stimmigkeit nicht passen. Wir beginnen uns zu ärgern, soweit wir von unseren Mitmenschen erwarten, dass sie diese Unausgewogenheit auch sehen. „Geben und Nehmen bitte in Übereinstimmung bringen."

Wenn wir an das Ende unserer Toleranzbereiche geraten und das vielleicht häufiger, melden sich unsere Gefühle deutlicher. Unsere Bedürfnisse sind nicht mehr befriedigt. Wir sind angespannt, vielleicht ärgerlich. „Achtung, hier ist das Grenzgebiet erreicht."

Spätestens an unserer persönlichen Schmerzgrenze schlagen unsere Gefühle Alarm. Wir fühlen uns z. B. sehr nervös, gereizt, traurig, wütend, allein, unsicher, ängstlich, enttäuscht, hilflos, frustriert, unfrei, energielos oder pessimistisch. „Es brennt!"

Wir sollten das Gespräch suchen, wenn negative Gefühle mit unseren Mitmenschen zu tun haben. Dann, wenn die

Stimmigkeit nicht mehr da ist und spätestens, wenn wir häufiger an das Ende unserer Toleranzbereiche geraten.

Warten wir, bis es „brennt", wird es schwieriger, souverän und konstruktiv mit Situationen und unseren Mitmenschen umzugehen. Wir „löschen" dann schon mal an der falschen Stelle oder mit den falschen Mitteln. Wir versuchen zu löschen, indem wir an anderer Stelle Feuer legen und wundern uns, dass es weiterbrennt, mehr als vorher.

Befassen wir uns bei negativen Gefühlen zuerst damit, worum es uns geht:

o   Welches negative Gefühl habe ich da?
o   Welche meiner Bedürfnisse betrifft es?
o   Was fehlt mir?
o   Wo befinde ich mich auf meiner Skala zwischen Wohlfühlen und Schmerzgrenze?
o   Mit wem genau hat es zu tun?
o   Wie oft ist es passiert?
o   Wann war das? Welche Situationen waren es?
o   Was würde ich mir konkret wünschen, damit es für mich stimmig und angenehm ist?

Suchen wir das Gespräch, ist wichtig:

o   die eigenen Bedürfnisse und Gefühle zu beschreiben, nicht „die Fehler" oder „die Schuld" des anderen
o   sich auf konkrete Situationen zu beziehen
o   zu respektieren, dass Prioritäten, Gefühle und Werte individuell sind

o zuzuhören und sich auszutauschen
o nach Wegen zu suchen, die für beide angenehm sind.

Am besten, wir beschreiben das durch „Ich"-Formulierungen.

Welches der beiden folgenden Gespräche läuft wohl besser?

„Nie informierst Du mich über Änderungen. Das ist rücksichtslos von Dir."

oder:

„Ich brauche Planungssicherheit. Wenn ich über Änderungen erst im letzten Moment informiert werde, macht mich das nervös. Ich mache dann eher Fehler. Bitte sag' es mir gleich, wenn Du so etwas erfährst, damit ich meinen Job gut machen kann."

„Sachlich über Emotionen" statt „emotional über Sachen" sprechen - so bleiben wir auch in schwierigen Gesprächssituationen konstruktiv.

2.5 Unsere wunden Punkte

Keiner will sie - jeder hat sie. Wunde Punkte - alte Wunden. Meist stammen Sie aus der Kindheit. Wir wurden kritisiert oder gehänselt. Ob es unsere Intelligenz, unser Aussehen, Charakter, Fleiß oder unsere Leistung war - wir waren „nicht gut genug".

Das kratzte an unserem Selbstbewusstsein. Meist verdrängen wir das im Laufe der Zeit recht gut. Dennoch bleiben wir - oft unbewusst - an dieser Stelle besonders empfindlich. Es tut uns weh, wenn jemand diese Wunden berührt, auch wenn es aus Versehen passiert. Wir gehen an die Decke, als hätte uns jemand mit Absicht gegen das Schienbein getreten. Wir sind verletzt und empört, ziehen uns schwer gekränkt zurück oder haben Rachegelüste.

Dabei bemerken wir meistens nicht, dass wir diejenigen sind, die überreagieren. Wenn wir uns sofort extrem getroffen fühlen, sollten wir uns erst einmal fragen, ob und mit welchen alten Wunden es zu tun haben kann.

Wie würde eine Person reagieren, die an dieser Stelle keinen wunden Punkt hat? So kommen wir zu einem adäquaten Verhalten, ohne andere vor den Kopf zu stoßen.

Umgekehrt sollten wir eine solche Überreaktion nicht gleich persönlich nehmen. Möglicherweise haben wir, ohne es zu ahnen, einen wunden Punkt getroffen. Vielleicht sprechen wir das einmal vorsichtig unter 4 Augen an.

Sobald wir mit jemandem in Kontakt treten, sind wir den Einflüssen unserer Wahrnehmung ausgesetzt. In jedem Gespräch geht es auch um unsere Beziehungen. Es geht darum:

o   wie sehr wir die anderen schätzen
o   wie sehr sie uns schätzen
o   ob wir annehmen, dass andere uns schätzen
o   ob sie annehmen, dass wir sie schätzen
o   wie wir die Beziehung zu anderen sehen
o   wie sie die Beziehung zu uns sehen
o   welche Erwartungen wir an andere haben
o   welche Erwartungen sie an uns haben
o   unsere Annahmen darüber, welche Erwartungen andere an uns haben
o   ihre Annahmen darüber, welche Erwartungen wir an sie haben.

So vieles auf einmal?!

Meist sind uns diese Einflüsse und Gedanken nicht bewusst. Wir wären zu Gesprächen wahrscheinlich gar nicht in der Lage, wenn wir alles jederzeit und voll bewusst verarbeiten müssten.

Und dennoch gleicht unser Gehirn permanent ab, ob alles „stimmig" ist. Das geschieht nicht nur anhand des Inhalts der Gespräche, sondern auch anhand der Körpersprache,

Gestik, Mimik, der Blicke, Wortwahl, des Tonfalls oder der Lautstärke.

Sind wir vertraute Freunde, läuft alles glatt und wie selbstverständlich. Sind wir ein eingespieltes Team, bei dem jeder mit seinen Aufgaben zufrieden ist, sie als gerecht verteilt sieht, sich gemocht und respektvoll behandelt fühlt, ist es nicht anders. Auch in hierarchischen Beziehungen läuft alles störungsfrei und angenehm, wenn die gegenseitigen Erwartungen und das Verhalten eine gute Übereinstimmung haben.

Wenn wir uns ärgern, sehen wir regelmäßig die Stimmigkeit, die wir mit einem angemessenen Verhalten in der Beziehung verbinden, verletzt.

Manchmal führen uns unsere Annahmen über das, was andere über uns denken, von uns wollen oder darüber, wie sie unsere Beziehung sehen, in die Irre. Wir unterstellen Gedanken, Erwartungen und Absichten uns gegenüber - vielleicht negative. Und in diesem Sinn interpretieren wir ihre Gestik, Mimik und ihre Sprache. Dann reagieren wir nicht auf das, was tatsächlich ist, sondern auf unsere Annahmen.

Oft geht es um Missverständnisse, die ihren Grund bzw. Beginn in einer unterschiedlichen Sprachauslegung haben.

Dazu kommen wir im nächsten Kapitel.

3. SPRACHE IST MISSVERSTÄNDLICH

Wir gehen wie selbstverständlich davon aus, verstanden zu werden, wenn wir uns in derselben Landessprache unterhalten. Schön wär's!

Denn unsere Sprache und unser Sprachverständnis sind mit unseren Annahmen, individuellen Bedürfnissen, Gefühlen und Toleranzbereichen verbunden.

Wir teilen sie vielleicht mit guten Freunden und halten daher unsere Wortwahl für allgemeinverständlich und unsere Maßstäbe für allgemeingültig.

Während wir glauben, uns ganz eindeutig und sachlich auszudrücken, vermischen wir die „Sache" mit unseren Annahmen, Interpretationen und Wertvorstellungen.

Was genau bedeutet:

o   selten, manchmal, ab und zu
o   oft, meistens, andauernd
o   einigermaßen, ziemlich
o   zuwenig, zuviel
o   viel zu früh, viel zu spät
o   gleich, bald, demnächst
o   sehr kurz, sehr lang
o   zu laut, zu leise
o   frühmorgens, spätabends
o   pünktlich, unpünktlich
o   ungefähr, fast
o   gerecht, ungerecht
o   vorsichtig, übervorsichtig, feige
o   unvorsichtig, leichtsinnig, draufgängerisch
o   sparsam, geizig
o   großzügig, verschwenderisch
o   gewissenhaft, penibel

Gehen wir leichtfertig davon aus, dass unsere Mitmenschen identische Interpretationen haben, kommt es schnell zu Missverständnissen.

Wenn Sie die folgenden Sätze lesen, haben Sie vermutlich eine Einstellung oder ein Gefühl, was darunter zu verstehen ist. Vielleicht denken Sie auch, das sei ganz selbstverständlich.

Warten Sie einen Moment, bevor Sie den Text darunter lesen.

Dann wird deutlich, wie oft wir uns in einer Form äußern, die unpräzise, mehrdeutig und damit „unsachlich" ist. Wir interpretieren sie entsprechend unserer Persönlichkeit, und unsere Gesprächspartner tun es eben entsprechend ihrer Persönlichkeit.

o   „Ich bin ungefähr um 15.00 Uhr da."

Für den einen heißt das, höchstens eine Viertelstunde früher oder später, für den anderen vielleicht eine Stunde früher oder später. Wann ist „ungefähr" vorbei? Wann beginnen wir uns zu ärgern?

o   „Hast Du nachher kurz Zeit, mir zu helfen?"

Wann ist nachher und wie lange wird es dauern?

o   „Das können wir so machen."

Bestätigt jemand nur, dass es eine Möglichkeit wäre oder besteht jetzt eine Verabredung, es auch so zu tun?

o   „Es wird gerecht geteilt."

Bekommt jetzt jeder die Hälfte oder sind andere Dinge zu berücksichtigen? Ist das Ausdruck eines Misstrauens in unserer Beziehung? Denkt der andere über mich, ich würde ohne diesen Hinweis ungerecht teilen?

o   „Sie kommen oft zu spät.“

Welcher Zeitraum wird betrachtet? Viermal innerhalb einer Woche ist vermutlich oft, innerhalb von 2 Jahren ist es wohl eher selten.

o   „Ich brauche die Unterlagen vorher zur Durchsicht.“

Bedeutet das, eine Stunde vorher oder einen Tag vorher? Wieviel Puffer wird benötigt? Werde ich kontrolliert, weil mir die Leistung nicht zugetraut wird?

o   Bist Du bald fertig?

Wann ist bald? Ist das eine Bitte um Information, um die eigene Zeit besser einteilen zu können, oder will mir jemand vermitteln, dass ich zu langsam bin, mich beeilen soll?

o   „Das ist penibel.“

Wie genau soll und wie ungenau darf etwas sein, um den Anspruch einer angemessenen Gewissenhaftigkeit zu erfüllen? Ab wann ist Genauigkeit übertrieben? Sagt es ein „Chaot“ oder jemand, der sehr genau ist?

Sensibilisieren wir uns also mehr für die Sprache. Versuchen wir, Begriffe und ihre Deutungen mit unseren Gesprächspartnern zu klären.

„Was genau bedeutet das für Dich?“

„Für mich bedeutet es,…“

So gleichen wir unsere Annahmen, unser Verständnis und die individuellen Maßstäbe ab, die wir den Begriffen zugrunde legen. Und die haben - wie wir wissen - mit unseren persönlichen Prägungen und Bedürfnissen zu tun. Zur Erinnerung:

Unsere Prägungen:

o   Mitgefühl und soziales Miteinander
o   Sachlich-fachliches, analytisches Denken
o   Dominanz und Durchsetzungs-Denken
o   Nähe- oder Distanz-Bedürfnisse, Introvertiertheit oder Extrovertiertheit
o   Beständigkeit oder Wechsel
o   Tendenz zu intuitiven oder rationalen Entscheidungen.

Unsere Bedürfnisse und Werte:

o   Sicherheit
o   Miteinander, Zugehörigkeit und Vertrauen
o   Wertschätzung, Respekt und Gerechtigkeit
o   Freiheit und Selbstbestimmung
o   Entwicklung und Selbstverwirklichung

Sie ersparen sich eine Menge Missverständnisse und daraus resultierenden Ärger, wenn Sie das berücksichtigen.

Und sie werden Ihr Sprachverständnis mit Gelassenheit und Humor abgleichen und klären können.

3.2 Zuhören ist eine Kunst

Wir hören die Worte anderer, verstehen, interpretieren und bewerten sie aber anhand unserer Persönlichkeit und Werte. Unsere Gesprächspartner tun es genauso.

Um sich gegenseitig wirklich zu verstehen, ist es erforderlich, sich auf die Perspektive des Gesprächspartners voll einzulassen. Wir sollten uns bemühen, seine Annahmen, Persönlichkeit, Rollenbilder, Bedürfnisse, Gefühle, Wohlfühlbereiche, Toleranz- und Schmerzgrenzen und seine Sprachauslegung zu verstehen.

Denken Sie zurück an das Thema „Beziehungen", die Dinge, die gleichzeitig nonverbal ablaufen. Auch das spielt mit, wenn wir zuhören. Das ist viel, oder? Und weil es so viel ist, sollten wir uns gegenseitig ganz auf das konzentrieren, was gerade gesagt wird.

Wir verlieren unsere aufmerksame Wahrnehmung, wenn wir parallel zu sehr mit unseren Gedanken oder schon mit unserer Antwort beschäftigt sind. Wir sollten unsere ablenkenden Nebengedanken daher lieber kurz abspeichern. So wie wir möchten, dass sich unser Gegenüber voll auf das konzentriert, was wir sagen und wie wir es meinen, sollten wir es umgekehrt auch tun.

Besonders wichtig ist es dann, wenn die Stimmigkeit miteinander gestört ist oder wir ganz unterschiedliche Interessen haben. So wie wir uns selbst fragen, was da mit uns los ist, sollten wir es mit unserem Gesprächspartner tun:

o   Welches negative Gefühl hat er?
o   Welche seiner Bedürfnisse betrifft es?
o   Welche Annahmen hat er über mich und wie sieht er unsere Beziehung?
o   Was braucht er, damit es ihm gutgeht?
o   Was fehlt ihm?
o   Wie oft und wann ist es passiert?
o   Welche Situationen waren es?
o   Was möchte er konkret?

Wir sollten nachfragen und unser Verständnis abgleichen, mit welchen Annahmen und Maßstäben er das Gesagte verknüpft. Wir sollten das solange tun, bis der andere sagt: „Ja, das ist es aus meiner Sicht." Sonst antworten wir nicht auf das Gesagte, nicht auf die Perspektive des anderen, sondern auf unsere Interpretation davon. Dann reden wir „aneinander vorbei". Das Risiko, dass wir irgendwann gegenseitig wirklich verärgert sind, wächst.

Nehmen wir uns also die Zeit und die volle Aufmerksamkeit und hören wirklich zu. „Verstanden" heißt ja noch nicht „einverstanden".

Was können wir aber tun, wenn die Atmosphäre schon gereizt ist und sich jemand uns gegenüber unangenehm verhält? Wie lösen wir solche Situationen und den damit verbundenen Ärger auf? Dazu kommen wir im nächsten Kapitel.

4. DIE SOUVERÄNITÄT DER AUGENHÖHE

Manchmal ist es nicht so einfach. Wir können den Ärger nicht abschütteln. Was tun wir, wenn wir uns mit unseren Mitmenschen auseinandersetzen und auf sie reagieren müssen oder wollen?

Beschäftigen wir uns mit einer Überlegung: Was schätzen und bewundern wir eigentlich an Menschen, die souverän und gelassen bleiben, während wir schon sauer reagieren?

Sie benehmen sich „erwachsen" im besten Sinne. Sie steigen nicht auf „Oben-Unten-Mechanismen" ein, sondern bleiben „auf Augenhöhe".

Dadurch gelingt es ihnen, sich nicht provozieren zu lassen. Sie bewahren einen klaren Kopf, ein Lösungsinteresse, eine konstruktive Haltung und ein Benehmen, das sie später nicht bereuen.

Sehen wir uns die Unterschiede an. Im anschließenden Teil des Buches kommen wir zu konkreten Situationen, die wir immer wieder erleben.

Dann geht es um die Techniken, die uns Souveränität auf Augenhöhe ermöglichen.

4.1 Oben-Unten-Mechanismen

Wenn wir eine Position einnehmen, die unserem Gesprächspartner übergeordnet ist, gleiten wir schnell in unangemessene Verhaltensweisen ab. Sie ähneln denen von Eltern und Lehrern, wenn sie uns unter Druck setzten.

Sie sagten uns durch Mimik, Gestik und Worte:

o   Ich kann das beurteilen
o   Ich weiß es besser
o   Ich darf bestimmen
o   Ich darf zurechtweisen
o   Ich darf Noten für Betragen und Leistung vergeben
o   Ich darf Strafen androhen
o   Ich darf bestrafen

Werden wir damit konfrontiert, besteht die Gefahr, dass wir in kindlich-trotzige Reaktionen abgleiten, im Sinne von:

o   Stimmt gar nicht
o   Ich will das aber
o   Du bist gemein
o   Das kriegst Du wieder
o   Mit Dir nicht mehr
o   Das sage ich weiter

… oder uns verletzt, eingeschüchtert und verängstigt zurückzuziehen.

Solche destruktiven „Oben-Unten-Mechanismen" entstehen unbewusst und unbeabsichtigt - Mechanismen eben.

Wenn wir sie nicht stoppen, schaukeln sie sich zu einer Atmosphäre aus Unsachlichkeit, Respektlosigkeit und Verschlossenheit auf - zum Nachteil aller Beteiligten.

Wir stellen sie also besser ab. Das Zauberwort heißt „Augenhöhe".

Sie ermöglicht es uns, Situationen aus den Perspektiven aller Beteiligten zu betrachten und dann adäquat und konstruktiv damit umzugehen, ohne dabei unsere eigenen Interessen und Bedürfnisse zurückzustellen.

4.2 Auf Augenhöhe

Wenn wir auf Augenhöhe bleiben, steigen wir nicht auf Oben-Unten-Mechanismen ein. Wir reagieren:

o   auf lehrerhafte Art eben nicht mit kindlichem Verhalten
o   nicht gleichermaßen lehrerhaft
o   auf kindliches Verhalten eben nicht lehrerhaft
o   nicht gleichermaßen kindlich.

Wir benehmen uns stattdessen positiv lösungsorientiert. Welche inneren Einstellungen liegen dem zugrunde? Wir alle haben Vorstellungen davon. Besonders leicht fällt es uns, wenn wir uns vorstellen, wie wir behandelt werden wollen. Wir möchten, dass unsere Gesprächspartner:

o   unsere individuelle Persönlichkeit respektieren
o   uns vorurteilsfrei begegnen
o   unsere Bedürfnisse, Gefühle und Interessen achten
o   uns zuhören und uns ausreden lassen
o   erst bewerten, wenn sie unsere Sicht verstanden haben
o   Interesse an fairen Lösungen haben
o   unsere positiven Seiten sehen und wertschätzen
o   mit unseren Schwächen respektvoll umgehen
o   Unangenehmes unter 4 Augen besprechen
o   um Entschuldigung bitten können
o   eine Entschuldigung annehmen können
o   ihre Launen nicht an uns auslassen.

Und wie holen wir Gesprächspartner von einem „Oben-Unten-Verhalten" nun auf die Augenhöhe zurück? Indem wir sie weiter auf Augenhöhe behandeln.

Wir eröffnen ihnen damit die Möglichkeit, ohne Gesichtsverlust in eine positive Gesprächsatmosphäre zurückzukehren.

Lesen Sie sich noch einmal die inneren Einstellungen und Reaktionen von „Oben-Unten-Mechanismen" und „Auf Augenhöhe" durch. Der Sinn dahinter:

o Sie sensibilisieren Ihre Wahrnehmung dafür, wann jemand in einen „Oben-Unten-Mechanismus" abgleitet und steigen nicht mehr reflexartig darauf ein.
o Sie verinnerlichen das Verhalten auf Augenhöhe.
o Sie entwickeln ein eigenes Interesse und Freude an der Fähigkeit, Ihre Mitmenschen konstruktiv beeinflussen zu können.

Falls Sie jetzt denken: „Mache ich mich denn nicht klein, wenn ich immer auf Augenhöhe bleibe?" Nein, tun Sie nicht. Sie ermöglichen Ihrem Gesprächspartner, auch Ihnen wieder respektvoll und angenehm zu begegnen. So wird er auch Ihnen wieder zuhören und Ihre Interessen und Wünsche berücksichtigen. Vorteil für Sie!

Im nächsten Teil geht es darum, wie Sie die Techniken in konkreten Situationen und Gesprächen erfolgreich anwenden.

5. DIE TECHNIKEN DER AUGENHÖHE

Wir erleben immer wieder Situationen und Verhaltensweisen, die uns verärgern, provozieren und zu destruktiven Oben-Unten-Reaktionen verleiten können.

Sie heißen:

- o   Jeder will es - wer bekommt es?
- o   Warum „warum" oft nicht weiterhilft
- o   Du wiederholst Dich
- o   Immer und schon wieder
- o   Der Ton macht die Musik
- o   Hallo Schreihals
- o   Gefühlte Schuldzuweisung
- o   Du bist ja so ein
- o   Du hast angefangen
- o   Wie Du mir, so ich Dir
- o   Streit reinigt die Luft, oder?
- o   Grenzen setzen

Wir sehen uns an, mit welchen Techniken wir das Beibehalten der Augenhöhe meistern.

Auf geht's!

5.1 Jeder will es – wer bekommt es?

Oft wollen wir dasselbe - und nun? Bekommt es der eine oder der andere? Gehen wir nun in einen Oben-Unten- oder Gewinner-Verlierer-Wettkampf? Am besten, wir sprechen erst einmal darüber, ob es wirklich dasselbe ist, was wir da wollen.

Wenn wir etwas Bestimmtes möchten, verbinden wir damit immer ein Ziel, hinter dem unsere persönlichen Bedürfnisse und Werte stehen. Oft lassen sie sich auf mehreren Wegen erreichen. Manchmal sehen wir sie nicht, weil wir uns so sehr auf unser „Ich will es haben" fixiert haben.

Nehmen wir uns doch stattdessen gemeinsam die Zeit zu klären, was wir damit verbinden. Die wichtigste Frage lautet „Wofür ist Dir das wichtig?" Wir erkennen dadurch gegenseitig Gefühle, Bedürfnisse und Werte, die hinter dem Wunsch stehen. Wenn wir gemeinsam herausgefunden und akzeptiert haben, was die jeweiligen Beweggründe sind, kommen wir einer einvernehmlichen Einigung meist ein ganzes Stück näher. Wir entwickeln auf dieser Basis oft Ideen und sehen Möglichkeiten, wie alle ihre Wünsche verwirklichen können.

Wir denken dann: „Dass wir darauf nicht eher gekommen sind - es kann so einfach sein". „Sowohl als auch" anstelle von „entweder - oder". Die folgenden Beispiele verdeutlichen das.

Beispiel „Das freie Büro":

Ein Kollege verlässt die Abteilung, sein Büro wird frei. Drei Kollegen beanspruchen es für sich. Nur einer kann es bekommen.

Auf den ersten Blick geht es um ein „entweder - oder". Die Positionen stehen sich anscheinend unvereinbar gegenüber.

Während sich die drei Kollegen darüber austauschen, wofür es ihnen wichtig ist, können sie gegenseitig ihre Motive verstehen und respektieren.

Der eine will es, weil es näher am Sekretariat ist, in das er oft gehen muss.

Ein anderer will es, weil es neben dem Kollegen liegt, mit dem er am häufigsten zusammenarbeitet.

Der Dritte will es, weil es ruhiger ist und er für seine speziellen Eilaufgaben oft absolute Konzentration braucht.

Nachdem sie sich darüber ausgetauscht haben, wird klar, dass über einen Ringtausch jeder bekommen kann, was er braucht und sich wünscht.

Situation gelöst - alle sind zufrieden.

Beispiel „Die Karteikarten":

Zwei Arzthelferinnen mit versetzten Arbeitszeiten sind sich uneinig, wann die Karteikarten herausgesucht werden sollen. Eine findet es richtig, sie am Vorabend herauszusuchen. Ihre Kollegin ist der Meinung, das solle am Morgen des aktuellen Praxistages geschehen. Sie tauschen sich darüber aus, wofür ihnen das wichtig ist.

„Ich schaffe es abends einfach nicht. Ich verpasse ich meinen Zug dreimal in der Woche, wenn ich das machen muss. Ich stehe auf dem Bahnhof, während meine Kinder zu Hause allein sind. Das macht mir Sorgen."

„Wenn ich morgens um 8.00 Uhr komme, stehen immer schon die ersten unangemeldeten Patienten vor der Tür, das Telefon klingelt, und zwischendurch muss ich Blutdruck messen. Ich kann nicht auch noch die Karteikarten heraussuchen. Wenn Du gegen 9.30 Uhr ankommst, bin ich schon fix und fertig. Ich bin auch zu den Patienten nicht so freundlich, wie ich es sein sollte und wie es mein Anspruch ist."

Beide verstehen nach diesem Austausch die Motive hinter den unterschiedlichen Positionen. Die Einigung:

Abends werden nur die Karteikarten für die ersten zwei Stunden des nächsten Tages bereitgelegt. So wird kein Zug verpasst und der Praxistag kann ohne zusätzliche Belastung starten. Beide sind mit ihren Motiven und Bedürfnissen berücksichtigt und mit dieser Lösung sehr zufrieden.

5.2 Warum „warum" oft nicht weiterhilft

„Warum hast Du das gemacht?" „Warum hast Du das nicht erledigt?"

Wir haben schnell den Eindruck, wir seien in einem Kritikgespräch, einem Verhör oder auf der Anklagebank, wenn wir ein „warum" hören. Wir erkennen darin einen Vorwurf und sehen uns in eine Rechtfertigungshaltung gedrängt.

Es mag in unserer Kindheit begründet sein. Das „warum" leitete ein unangenehmes Gespräch ein. Es war verbunden mit Unverständnis für das, was wir getan hatten. Wir erhielten oft gleichzeitig den deutlichen Hinweis, dass wir uns gründlich danebenbenommen hatten. Nun sind wir erwachsen. Wir hören das Wort „warum" immer noch nicht gern. Hier einige Alternativen, das „warum" zu ersetzen:

o   Was hat Dich veranlasst, was war der Auslöser
o   Worin siehst Du die Ursache für
o   Was war ausschlaggebend / maßgeblich
o   Welche Abwägung hat dazu geführt, dass
o   Aufgrund welcher Annahmen
o   Bitte erläutere mir
o   Was hat Dich bewogen
o   Welche Umstände haben dazu geführt
o   Welche Information hast Du einbezogen
o   Welche Bedenken hattest Du

Wir sehen, es gibt verschiedene Ausdrucksweisen, die wir anstelle eines „warum" verwenden können".

Wenn das „warum" Ihnen entgegenkommt, formulieren Sie innerlich um, bevor Sie antworten.

Und dann antworten Sie entsprechend:

o   Du möchtest wissen, was genau mich
o   Meine Gründe
o   In letzter Zeit hatte ich den Eindruck…, daher
o   Mir ist / war besonders wichtig, dass
o   Es gab mehrere Situationen, die
o   Ich sehe die Ursache für
o   Meines Erachtens liegen die Gründe
o   Ich hatte Bedenken
o   Ich brauche….., daher

Das „warum" in seiner unangenehmen Erscheinungsform ist verschwunden, ein Austausch über Beweggründe ist leichter möglich.

5.3 Du wiederholst Dich

Wie oft haben wir das schon selbst gesagt? Und hat es geholfen? Nein, in der Regel nicht. Worin liegen die Ursachen dafür? Wir verstehen den Satz „Du wiederholst Dich" als arrogant und als Angriff. Was tun? Wir ändern unsere Gesprächstechnik, statt uns darüber zu ärgern, dass der andere Dinge wiederholt.

Wir wollen natürlich in einer Diskussion oder Auseinandersetzung nicht immer wieder dasselbe hören. Um das aber „abzustellen", müssen wir uns klarmachen: Der andere wird sich so lange wiederholen, bis er selbst glaubt, dass wir ihn verstanden haben. Der einzige Weg, die Wiederholungen zu beenden besteht darin, dass wir es ihm beweisen. Erst wenn uns das gelungen ist, wird es aufhören.

Sagen Sie, was Sie vom anderen – wichtig: aus seiner Perspektive - verstanden haben. Es geht hier nicht um das wörtliche Wiederholen, das eher als „Nachäffen" aufgefasst wird.

Es geht um das Verständnis für Gefühle, Interessen, Beweggründe. Dann fragen Sie nach, ob es das ist, was er sagen wollte.

o   Welche Gefühlslage hat Ihr Gegenüber?
o   Welche Bedürfnisse und Werte liegen dem wohl zugrunde?

Fassen Sie das in Worte und fragen Sie z.B.:

- Bist Du gekränkt, weil Du Dich übergangen siehst?
- Bist Du enttäuscht, weil wir nicht an Dich gedacht haben?
- Bist Du ärgerlich, weil Du Dich benachteiligt siehst?

oder

- Wenn Du die Unterlagen nicht am Vortag bekommst, bist Du beunruhigt, dass Du Deinen Teil der Aufgaben nicht mehr schaffst, richtig?
- Wenn ich Besuch einlade, ohne das mit Dir abzustimmen, fühlst Du Dich eingeengt, ja?
- Wenn eine Verabredung erst im letzten Moment abgesagt wird, bist Du ärgerlich. Du hast den Eindruck, Du wirst dann als weniger wertvoll gesehen?
- Wenn ich mir das Fahrrad kaufe, hätten wir kaum noch Geld für den Urlaub in Italien, den Du Dir so sehr wünschst. Das fändest Du ungerecht - ist das so?

Formulieren Sie so, wie es Ihrer Ausdrucksweise entspricht und Ihrem Umfeld angemessen ist.

Geben Sie Ihrem Gesprächspartner Zeit, nachzudenken und zu antworten. Fragen Sie nach und bleiben Sie solange bei dieser Klärung, bis er es bestätigt: „Ja, so meine ich das", „Ja, so sehe ich das". So führen Sie den Austausch auf eine konstruktive und angenehme Ebene zurück.

5.4 IMMER UND SCHON WIEDER

Wir ärgern uns über Kritik an unserem Verhalten, die mit „Immer" oder „Schon wieder" beginnt. Wir weisen sie regelmäßig empört zurück. Erster Reflex: „Immer" stimmt gar nicht! Zweiter Reflex und kleine Rache: Warum soll ich mich ändern? Sei toleranter, dann stört es Dich auch nicht."

Einige typische Beispiele für Störquellen, die andere an uns oder die wir an anderen ausmachen, sind:

o   Lautstärke und Geräusche
o   Ordnung oder Unordnung
o   Freiheit oder Rücksichtnahme
o   Planung oder Improvisation
o   Einzelgänger oder Gruppenorientierung.

Der bessere Weg:

Setzen wir uns damit auseinander, worum es unserem Gegenüber eigentlich geht. Stellen wir konkrete Fragen und geben wir ihm Zeit, nachzudenken und die Situationen zu reflektieren. Wir zeigen ehrliches Interesse:

o   „Sag' mir bitte, wann das so war." oder „Seit wann…" So wird aus dem „immer" ein „oft" oder ein „na ja, in letzter Zeit". Oder auch eine Antwort, die uns zum Nachdenken über unser Verhalten bringt.
o   „Sag' mir bitte, in welchen Situationen es Dich besonders stört." So wird aus der Forderung, etwas ganz zu lassen,

vielleicht eine Bitte, es in bestimmten Situationen oder zu
bestimmten Zeiten nicht zu tun.
o   „Sag‘ mir bitte, was genau Dich daran stört, woran es Dich
     hindert.“ So wird aus einer Forderung oft ein konkreter
     und nachvollziehbarer Wunsch.

Auf dieser Basis können wir gemeinsam darüber nachdenken und sprechen, wie man eine Situation herbeifüh-
ren kann, die beiden gerecht wird. Ein Beispiel:

„Musst Du spätabends immer so laut Musik hören?“
„Nein. Sag‘ mir doch bitte, wann Dich die Musik so sehr
stört.“
„Wenn ich am nächsten Tag Frühschicht habe. Ich kann
nicht einschlafen und bin dann unausgeschlafen, unkon-
zentriert und kann meinen Job nicht gut machen.“
„Aha, es geht Dir also um die Abende, bevor Du Früh-
schicht hast?“
„Ja, genau.“
„Und was brauchst Du, um genug Schlaf zu bekommen?“
„Ich hätte gerne in den Wochen, in denen ich Frühschicht
habe, ab 22.00 Uhr Ruhe. Bitte stell‘ an diesen Tagen lei-
ser.“
„Ja, mach‘ ich. Können wir mal ausprobieren, bei welcher
Lautstärke Du Dich nicht gestört fühlst?“
„Ja, gerne. Gute Idee.“
„Und bitte erinnere mich nochmal, wenn die nächste
Frühschicht-Woche anfängt.“
„Ja, das mache ich.“

Nehmen wir das „immer" also erst einmal gelassen. Wir suchen besser das Gespräch statt uns zu ärgern, zu wehren und verbal „zurückzuschlagen".

Wir befassen uns damit und akzeptieren, wie es anderen geht und was sie brauchen oder möchten. Wir versuchen gemeinsam, Wege zu finden und Vereinbarungen zu treffen, die jeden bestmöglich berücksichtigen.

Wir sollten versuchen, es umgekehrt genauso zu tun, indem wir uns vor einem Gespräch Gedanken darüber machen:

o   wann, seit wann, in welchen Situationen uns etwas stört
o   woran es uns hindert
o   was wir stattdessen brauchen, damit es uns gutgeht
o   mit welchem konkreten Wunsch wir das ausdrücken können.

So wird auch aus unserem „immer" im Kopf ein konstruktives Gespräch auf Augenhöhe.

5.5 Der Ton macht die Musik

Wir betrachten einen scharfen Tonfall schnell als persönlichen Angriff und als Freifahrtschein, nun unsererseits andere Geschütze aufzufahren. Wir schmücken das gern mit der Belehrung „Der Ton macht die Musik!"

Wir meinen, nun geschickter zu sein. Wir reagieren mit einer ablehnenden Haltung, Ironie, herablassenden Kommentaren oder vielsagenden Blicken.

Unser Gesprächspartner hat den „Schwarzen Peter". Nur, was tun wir da? Wir treiben eine Eskalation voran. Das ist ein klassischer Oben-Unten-Mechanismus. Versuchen wir besser zu verstehen, was genau ihn gerade stört oder belastet. Es wird einen Grund haben. Vielleicht ist ihm sein Ton auch gar nicht bewusst.

„Ich merke, dass Du aufgebracht bist. Sagst Du mir den Grund dafür?", „Ärgerst Du Dich / hast Du Dich geärgert?", „Habe ich Dich verärgert?"

Vielleicht kommt als Antwort „Ach, heute klappt einfach gar nichts", „Entschuldige, ich bin so im Druck, ich weiß gar nicht, was ich zuerst machen soll" oder auch „Ich befürchte, ich ziehe wieder den Kürzeren. Warum soll ich mich eigentlich immer anpassen?"

Wir holen unseren Gesprächspartner also offen und freundlich ab und zeigen ihm unsere Bereitschaft, uns mit seinen Anliegen und seiner Gefühlslage zu befassen. Er wird sich beruhigen und das Gespräch in einem ruhigen Ton weiterführen können.

Je konsequenter wir das anwenden, desto seltener wird es passieren, dass uns dieselbe Person in einem unangenehmen Tonfall begegnet.

Wir werden gleichzeitig immer geschickter darin, einen solchen Tonfall „abzuschalten".

Wir ziehen Souveränität, Gelassenheit und Entspannung aus dieser Fertigkeit.

5.6 Hallo Schreihals

Wir empfinden Schreien als persönliche Abwertung oder Kampfansage. Wir reagieren empört und starten einen Gegenangriff. „Geht's noch?", „Das ist mir zu blöd". Dabei beweisen wir gerne, dass wir die Lautstärke noch übertreffen können.

Wird es jetzt leiser? Nein. So funktioniert es nicht. Wie können wir das ändern? Indem wir das Verhalten erst einmal nicht allzu persönlich nehmen, sondern indem wir es als…

o   etwas unangenehm für unsere Ohren
o   starke emotionale Betroffenheit
o   momentane Überlastung oder Überforderung

…interpretieren, was sich wohl gerade in einer Überreaktion äußert. Was will unser Gegenüber damit eigentlich erreichen?

Er möchte:

o   gehört werden
o   verstanden werden
o   bekommen, was er braucht, damit es ihm gutgeht
o   bekommen, was ihm seiner Meinung nach zusteht
o   vermutlich, dass wir zu diesem Zweck ein bestimmtes
    Verhalten ändern.

Nehmen wir die Lautstärke erst einmal an, ohne sie zu kopieren. Warum auch? Wir verringern damit nur die Wahrscheinlichkeit, dass auch wir bekommen, was wir möchten. Bleiben wir auf Augenhöhe, wird sich unser Gegenüber beruhigen, öffnen und auch wieder zur Augenhöhe zurückkehren können.

Es spricht nichts dagegen, erst einmal zu verstehen, wie unser Gesprächspartner die Situation sieht und was er möchte.

Wir besprechen anschließend, ob wir unser Verhalten seinen Wünschen anpassen oder ob es noch andere Möglichkeiten gibt, alle Bedürfnisse und Wünsche in Einklang zu bringen.

Lassen wir die Tür zu einem guten Gespräch doch einfach offen, statt sie in gleicher Lautstärke zu schließen. Ziel erreicht – wir werden nicht mehr angeschrien. Und der andere weiß für die Zukunft, dass er nicht laut werden muss, damit wir zuhören.

Vielleicht wird er sich später für sein Verhalten entschuldigen. Zumindest wird er vermutlich erleichtert sein, dass wir darauf nicht in gleicher Weise eingestiegen sind, auch wenn er das nicht so deutlich ausspricht.

Wir müssen uns nicht gleich aufregen, nur weil jemand mal laut wird.

5.7 GEFÜHLTE SCHULDZUWEISUNG

Wir haben über unsere Gefühle gesprochen und uns geöffnet - und was hat es gebracht? Gar nichts. Der andere ist beleidigt und sauer. Wir denken „Über meine Gefühle spreche ich nicht mehr".

Leider haben wir nicht bemerkt, dass unsere Gefühlsbeschreibung beim anderen als Schuldzuweisung oder Charakterzuschreibung angekommen ist. Weil wir Begriffe verwendet haben, die ihm gleichzeitig sagen, dass sein Verhalten Ursache dafür ist, dass wir uns schlecht fühlen. Er ist der Täter, wir sind das Opfer. Nun ist auch er gekränkt, und wir haben es nicht bemerkt.

Beispiele für die „gefühlte Schuldzuweisung":

o Ich fühle mich ausgeschlossen - Du ignorierst mich, Du lässt mich im Stich
o Ich fühle mich benachteiligt - Du nimmst absichtlich mehr als Dir zusteht
o Ich fühle mich ausgebeutet - Du bist egoistisch, Du nimmst Dinge auf meine Kosten
o Ich fühle mich betrogen - Du bist ein Betrüger
o Ich fühle mich bevormundet - Du behandelst mich herablassend, Du erhebst Dich über mich
o Ich fühle mich eingeengt - Du nimmst mir meine Freiheit

Wir sollten lieber das thematisieren, was wir möchten. Wir bleiben dabei in der „Ich-Form".

„Mir ist wichtig, dass…

o   ich auch dabei bin (Zugehörigkeit)
o   wir die Aufgaben angemessen verteilen (Gerechtigkeit)
o   meine Kenntnisse einfließen (Wertschätzung)
o   meine Leistung gewürdigt wird (Respekt)
o   ich mir meine Zeit einteilen kann (Selbstbestimmung)

Wenn wir nun wieder darauf zu sprechen kommen, wann und in welchen konkreten Situationen wir das nicht hatten, entsteht Offenheit und ein anderes Zuhören. Jetzt können wir wieder darüber sprechen, was genau wir uns wünschen:

„Ich möchte…", „Ich bitte Dich…"

Um nun gemeinsam einen Weg zu finden, der die Interessen, Werte und Wünsche aller Beteiligten berücksichtigt. Wenn Sie eine „gefühlte Schuldzuweisung" hören, sagen Sie sich erst einmal, dass dahinter ein Wunsch steckt der nur noch nicht wirklich erkannt und ausgesprochen ist.

Finden Sie heraus, um welches Gefühl und welches unerfüllte Bedürfnis es geht und welcher Wunsch das zum Ausdruck bringen könnte. So verwandeln Sie eine missglückte Formulierung in ein konstruktives Gespräch.

Es spricht übrigens nichts dagegen, den anderen „positiv" verantwortlich zu machen. „Ich fühle mich geachtet, respektiert, berücksichtigt, einbezogen, geliebt." Diese Form der „gefühlten Schuldzuweisung" hören wir natürlich alle gern.

5.8 Du hast angefangen

Krisenstimmung - und „natürlich" hat der andere angefangen. Haben beide genau gleichzeitig angefangen oder was ist passiert? Wir haben unterschiedliche Wahrnehmungen, wann „es" angefangen hat. Und „wahrnehmen" bedeutet hier „für wahr" nehmen, als die Wahrheit sehen. Diese „Wahrheit" ist subjektiv und mit individuellen Interpretationen verbunden.

Oft geht es um Gerechtigkeit, die enttäuschte Erwartung, wertschätzend und auf Augenhöhe behandelt zu werden.

Gehen wir den Dingen gemeinsam auf den Grund, bestehen die besten Chancen, das aufzuklären. Manchmal ist es eine Geste oder Mimik, die missverstanden wurde. Vielleicht war es ein Kommentar, den jemand auf sich bezogen hat, der gar nicht so gemeint war oder auch eine Unachtsamkeit von uns, die beim zweiten Mal als bewusste Rücksichtslosigkeit interpretiert und „durch gleiches Verhalten gerächt" wurde. Und das hat wiederum für uns den Anfang markiert.

Wir hören wieder zu, bis wir verstanden haben.

o   Wann war das so? Wie oft war das so?
o   Wie hast Du das empfunden?
o   Geht es Dir um…?
o   Was ist Dir wichtig? Wofür ist es Dir wichtig?
o   Was wünschst Du Dir? Welche Bitte hast Du an mich?

Wir beschreiben dann, worin für uns „der Anfang" lag. An welchem Punkt, wie oft und wann hatten wir den Eindruck, nicht gesehen, respektiert oder berücksichtigt zu werden? Was brauchen wir und was wünschen wir uns?

Wir passen wieder auf, uns nicht in Verallgemeinerungen zu verlieren. Wir besprechen konkrete Situationen.

„Wie machen wir es in Zukunft, damit uns das nicht wieder passiert?"

Manchmal reicht auch schon ein „Entschuldige bitte; das war keine Absicht von mir" und schon ist alles wieder in Ordnung.

Klären und lösen statt ärgern und beschuldigen.

5.9 Du bist ja…

Wir verstehen Kritik an uns, die mit diesen Worten beginnt, oft als eine Einladung zu gegenseitigen Verletzungen. Das kann bis zur beiderseitigen „Dämonisierung" gehen, die dann das Ende der Partnerschaft, Kollegialität oder Freundschaft bedeutet.

Was passiert hier gerade? Wir sind „empört". Schwarz-Weiß-Malerei bestimmt unser Denken. Wir sehen nur noch die Extreme von:

o   Recht oder Unrecht
o   gut oder böse
o   Freund oder Feind
o   Gewinner oder Verlierer
o   fleißig oder faul
o   fair oder gemein.

Und das spiegelt sich in unserer Wortwahl, Gestik und Mimik. Positives ist aus dem Blick verschwunden oder wird geleugnet. Negatives wird gesammelt, um das schlechte, also schwarze Bild vom „Gegner" zu rechtfertigen und noch deutlicher zu malen. Wir rücken uns selbst dabei gern in ein gutes Licht, in dem wir natürlich ganz weiß leuchten. Das Problem ist nur, dass andere in solchen Momenten unser „weißes Leuchten" nicht sehen. Sie nehmen die Schwarz-Weiß-Verhältnisse gerade umgekehrt wahr.

Auch unsere Persönlichkeitsstruktur beeinflusst die Wahrnehmung darüber, was wir als schwarz (falsch, „geht gar nicht") und was als weiß (richtig, „so verhält man sich") sehen. Jetzt gibt es zwei Möglichkeiten:

Entweder wir lassen den Dingen ihren Lauf, ärgern, streiten und verletzen uns gegenseitig. Dann ziehen wir uns gekränkt zurück, lecken unsere Wunden und überlegen, wie wir es dem anderen beim nächsten Mal heimzahlen. Falls es ein nächstes Mal gibt. Wir wollen mit jemanden, der so gemein ist, ja eigentlich gar nichts zu tun haben.

Oder wir nehmen uns die Zeit, uns bewusst auf die Grautöne und „weißen Stellen" unseres Gegenübers zu besinnen.

o   Welche positiven Eigenschaften hat er?
o   Was an der Beziehung war uns immer wichtig?
o   Was hatten wir schon an angenehmen gemeinsamen Erlebnissen?
o   Wann / bis wann und in welchen Situationen war das so?
o   Kann es sein, dass ein Missverständnis entstanden ist?
o   Wofür wäre es gut, die Situation konstruktiv zu lösen?
o   Wie kann es mir jetzt gelingen, den Austausch auf Augenhöhe zurückzubringen?

So kommen wir weg von unserem Verteidigungsreflex und vermeiden das eigene Abgleiten in Schwarz-Weiß-Sehen, was das Gespräch nur in eine destruktive Eskalationsspirale befördern würde.

Wir sollten anschließend - wie bei dem Kapitel „Du wiederholst Dich" und wie bei den „Immer-Vorwürfen" vorgehen.

Das heißt, dass wir:

o unserem Gesprächspartner Gelegenheit geben, seine Sicht darzustellen
o fragen, seit wann er das so sieht
o auf konkrete Situationen zu sprechen zu kommen - welche Situationen waren es, die Dich verärgert haben?
o versuchen nachzuvollziehen, wie er zu seinem Gesamturteil kommt
o das wiederholen, was wir verstanden haben - Gefühle, Motive und Wünsche aus seiner Sicht - bis es uns bestätigt wird. „Ja, so sehe ich das."
o fragen „wofür ist Dir das wichtig?" oder „geht es Dir dabei um…" (gefragt werden, Loyalität, Vertrauen, Gerechtigkeit, Sicherheit, Freiheit, Erfolg, Wertschätzung, Rücksichtnahme, einen Dank oder eine Entschuldigung)
o Interesse an den Wünschen zeigen „Was bräuchtest Du, damit es für Dich wieder passt?", „Was ist Dein Wunsch an mich?"

So führen wir souverän zurück zu einem echten Gespräch.

Situation im Griff - super!

5.10 Wie Du mir, so ich Dir

Dem „wie Du mir, so ich Dir" ist ein wertverletzendes Verhalten vorausgegangen, das regelmäßig als bewusste Rücksichtslosigkeit eingestuft wurde.

Das birgt die Gefahr einer Eskalation, die den eigenen Ärger nicht beendet, sondern füttert. Denn oft beginnt damit ein Wettbewerb der Gemeinheiten. Dabei provoziert jeder den anderen, noch eins drauf zu legen. Weil er es ja nicht besser verdient hat.

Und wozu? Ärgern wir uns dann weniger? Nein.

Am Ende gibt es zwei Verlierer. Weil niemand erreicht, mit seinen Wünschen und Erwartungen berücksichtigt zu werden. Woran natürlich der andere Schuld ist. Und so weiter und so weiter…

Um nicht darauf einzusteigen, sollten wir uns überlegen…

o   was uns an der Beziehung zueinander wichtig ist
o   welches Miteinander wir wieder herstellen möchten
o   welche Themen wir gerne klären und besprechen möchten
o   mit welchen Fragen und Techniken wir den Austausch auf Augenhöhe zurückholen können.

Wir sollten das 4-Augen- und 4-Ohren-Gespräch suchen, wenn uns etwas an einer Klärung und Bereinigung der Situation und an der Beziehung liegt.

Wir sollten darüber reden, worin die gegenseitigen Verletzungen der Wertschätzung lagen und auch darüber, wann Toleranzgrenzen verletzt wurden.

Manchmal erkennen wir so unterschiedliche Prägungen, Bedürfnisse und Werte, dass wir eine Übereinstimmung, die für beide Seiten passt, nicht erreichen können.

Das muss kein Grund sein, sich immer wieder gegenseitig zu ärgern und zu enttäuschen.

Die Entscheidung, zumindest in Teilbereichen getrennte Wege zu gehen, ist sicherlich für beide Seiten besser, als mit einem energieraubenden „Wie Du mir, so ich Dir" weiterzumachen.

Wenn diese Entscheidung gemeinsam, mit Respekt für die persönlichen Unterschiede und auf Augenhöhe getroffen wird, kann sie dazu beitragen, dass man sich in Zukunft umso besser versteht.

Dann ist es wieder möglich, entspannt miteinander umzugehen und die Dinge, die so gar nicht passen, mit Humor zu nehmen, und zwar gemeinsam.

5.11 STREIT REINIGT DIE LUFT, ODER?

Manchmal passiert es - die Gefühle kochen über, wir sind wirklich verärgert. Wir sind mit unserer Geduld am Ende. Der Frust entlädt sich in einem Streit. Jetzt muss Klartext her!

Schon sind wir im schönsten Wortgefecht und sagen uns mal so richtig die Meinung. Manchmal hilft es auch. Wir begreifen und akzeptieren, wo die Toleranz- und Schmerzgrenzen liegen. Wir erkennen, dass wir sie vielleicht gegenseitig mehrfach überschritten haben. Oder wir klären Missverständnisse auf. Wir vertragen uns.

Nehmen Sie ein paar Empfehlungen an die Hand, die Sie jedoch beachten sollten:

o   Streiten Sie unter 4 Augen und 4 Ohren.
o   Ziehen Sie Unbeteiligte nicht hinein.
o   Verletzen Sie nicht absichtlich auf der Ebene der wunden Punkte.
o   Verzichten Sie auf Machtandrohungen.
o   Drohen Sie der Person nicht an, ihr absichtlich zu schaden.
o   Schaden Sie der Person nicht absichtlich.

Dann bestehen gute Chancen, dass ein Streit die Luft reinigen und auch wieder zu einem guten Miteinander führen kann.

Wir haben gut zugehört und den anderen verstanden. Wir haben seine Wünsche und Interessen respektiert und in unserem Verhalten berücksichtigt.

Nur umgekehrt war es nicht so. Wir fühlen uns enttäuscht und ausgelaugt.

Wenn es Ihnen öfter so geht, sind Sie vermutlich ein sehr mitfühlender Mensch, wofür Sie sicherlich geschätzt und geliebt werden.

Was Ihnen vielleicht fehlt, ist der Mut, sich abzugrenzen und öfter „nein" zu sagen. Dann nämlich, wenn Sie Ihre Zeit und Energie gerade für sich, Ihr eigenes Wohlbefinden bzw. für andere Dinge benötigen, die Sie tun wollten.

Achten wir selbst nicht darauf, laufen wir in die Falle der Selbstlosigkeit.

Wir werden mit der Zeit enttäuscht sein, uns ärgern und anderen innerlich vorwerfen, dass sie uns nicht berücksichtigen. Wir geben ihnen die Schuld daran, dass wir uns nicht gut fühlen. Und die wiederum verstehen nicht, warum wir „so komisch" sind. Wir waren doch immer so entgegenkommend und nett.

Für viele Menschen ist eine gute Selbstfürsorge ganz natürlich, wird auch von anderen erwartet und vorausgesetzt. Sie denken: Wer „ja" sagt, hat Zeit und Energie über, sonst würde er „nein" sagen.

Manchmal begegnen wir auch Menschen, die:

o   unsere Hilfe gern in Anspruch nehmen, aber immer dann „leider gerade keine Zeit" haben, wenn wir um Hilfe bitten
o   es immer wieder schaffen, uns die unangenehmen Arbeiten aufzudrücken
o   uns Zusagen entlocken, die uns überhaupt nicht passen
o   uns schmeicheln, um uns Zusagen zu entlocken
o   regelmäßig bestimmen wollen, wie wir die gemeinsame Freizeit verbringen oder die Aufgaben verteilen
o   gerne über sich sprechen, aber kaum fragen, wie es uns geht.

Hier sollten wir Grenzen ziehen. Wir verlieren eher den Respekt und die Wertschätzung, wenn wir diesen „Energieräubern" die Tür öffnen. Sorgen wir also dafür, dass auch wir verstanden und berücksichtigt werden.

Wenn Sie sich bedrängt, unsicher oder einem Schwall von Argumenten ausgesetzt sehen, verschieben Sie das Gespräch oder Ihre Antwort ruhig. „Ich möchte über dieses Thema gerne morgen weiterreden.", „Ich möchte darüber erst einmal nachdenken", „Ich überlege es mir und melde mich."

Nehmen Sie sich Zeit, das Gespräch zu reflektieren. Spüren Sie Ihren Interessen, Werten und Gefühlen nach. Wie steht es um die Stimmigkeit in der Beziehung, die Ausgewogenheit zwischen Geben und Nehmen?

Überlegen Sie in Ruhe, wie Sie reagieren und antworten wollen. Wenn Sie zu dem Schluss kommen, dass „nein" für Sie die richtige Antwort ist, sprechen Sie es aus.

Tun Sie es freundlich und selbstbewusst in Ihrem berechtigten Interesse - ohne schlechtes Gewissen.

Wenn Sie es mit einem „Argumentations-Artisten" zu tun haben, halten Sie Ihre Antwort besser knapp. Seien Sie sparsam mit Begründungen und Details.

Denn wenn Sie beginnen, Ihr „nein" zu argumentieren, wird Ihr Gesprächspartner Gegenargumente finden und Ihnen vorschlagen, was Sie anders machen könnten, um seinen Wunsch zu erfüllen.

Es reicht eine Antwort wie „Es passt mir nicht", „Ich habe schon etwas vor", „Ich habe etwas anderes zu tun".

Ihre Mitmenschen werden sich daran gewöhnen und das respektieren. Denn sie wissen selbst:

Die Tür der Augenhöhe schwingt auf Dauer zu beiden Seiten.

SCHLUSSBEMERKUNG

Wir sind nun am Ende des Buches angelangt. Ich hoffe, es ist mir gelungen, Ihnen Wege aufzuzeigen, die Ihnen zu mehr Gelassenheit und einem souveränen Umgang mit Ihren Mitmenschen verhelfen. Ohne dabei Ihre Wünsche und Ziele aus dem Auge zu verlieren, im Gegenteil - sie leichter und auf elegantere Weise zu erreichen.

Wir alle neigen dazu, in den alten Trott zu verfallen. Lassen Sie das Buch nicht im Regal verschwinden, sondern lesen Sie immer wieder mal darin, besonders dann, wenn die Zeiten gerade schwierig sind.

Großen Spaß macht es übrigens mit Menschen, die diese Techniken auch kennen. Sich gegenseitig dabei zu ertappen, wie man doch einmal in die „Mechanismus-Falle" tritt und dann gemeinsam darüber zu lachen, ist eine gute Übung. Schenken oder empfehlen Sie das Buch Ihrem Lebenspartner, Ihrer Familie, Freunden und Kollegen. Dann profitieren Sie gleich mehrfach davon.

Haben Sie ein Thema vermisst? Schreiben Sie mir gerne. So kann ich Ihre Anregungen in die nächste Auflage aufnehmen. Meine E-Mail-Adresse: af@anke-feddersen.de

Ich wünsche Ihnen viel Vergnügen, gelassenes und souveränes Gelingen.

Herzlichst - Ihre Anke Feddersen

REZEPT „MENSCH, ÄRGER' MICH NICHT"

Man nehme:

- o 1 Pfund guten Willen
- o 1 Pfund geduldiges Zuhören
- o 1 Pfund Nachfragen
- o 2 Päckchen Worte der Augenhöhe
- o ½ Pfund Butter des Mitgefühls
- o ½ Pfund Creme der eigenen Werte und Interessen
- o je 1 Löffel Selbstkritik und Verzeihen
- o 2 Tassen gemeinsame Lösungen
- o je 1 Löffel Witz und geriebenen Humor

Zubereitung:

Guter Wille, geduldiges Zuhören, Nachfragen und Worte der Augenhöhe werden in einen schönen Topf gegeben und langsam vermengt. Die Butter des Mitgefühls warm hineinfließen lassen, die Creme der eigenen Werte und Interessen einrühren. Einmal durchsieben, um Bitterstoffe zu entfernen. Selbstkritik und Verzeihen unterheben. Sanft köcheln lassen. Gemeinsame Lösungen langsam zugeben. Mit Witz und geriebenen Humor bestreuen.

Ein ganzes Leben lang genießen.

LITERATUREMPFEHLUNGEN

Berne, Eric: *Spiele der Erwachsenen - Psychologie der menschlichen Beziehungen*, Rowohlt Taschenbuch Verlag, Reinbek, 2013
Fisher, Roger, Ury, William, Patton, Bruce: *Das Harvard Konzept - Der Klassiker der Verhandlungstechnik*, Campus Verlag, Frankfurt, 2013
Rosenberg, Marshall B.: *Gewaltfreie Kommunikation - Eine Sprache des Lebens*, Junfermann Verlag, Paderborn, 2013
Satir, Virginia: *Mein Weg zu dir - Kontakt finden und Vertrauen gewinnen*, Kösel-Verlag, München, 2014
Schulz von Thun, Friedemann: *Miteinander reden, Band 1, Störungen und Klärungen*, Rowohlt, Hamburg, 2013
Schulz von Thun, Friedemann: *Miteinander reden, Band 2, Stile, Werte und Persönlichkeitsentwicklung*, Rowohlt, Hamburg, 2013
Schulz von Thun, Friedemann: *Miteinander reden, Band 3, Das „Innere Team" und situationsgerechte Kommunikation*, Rowohlt, Hamburg, 2013
Sellin, Rolf: *Bis hierher und nicht weiter - Wie Sie sich zentrieren, Grenzen setzen und gut für sich sorgen*, Kösel-Verlag, München, 2014
Torralba, Francesc: *Die Kunst des Zuhorens*, C.H. Beck, München, 2007
Wardetzki, Bärbel: *Ohrfeige für die Seele - Wie wir mit Kränkung und Zurückweisung besser umgehen können*, dtv, München 2013

*Und die Moral
von der Geschicht'?*

*Sie dürfen sich ärgern,
Sie müssen aber nicht.*

*Denn jede Stunde,
in der Sie sich Ärger bereiten,*

*kostet 60 Minuten
gute Zeiten.*